Notes / Exc

কিৰণ বেদী

কেনেদৰে হ'ল টপ কপ

কিৰণক মৰমত আমি দিদি বুলি মাতিছিলো। তেওঁৰ বাল্যকাল বাহ্যিক ক্ৰিয়া-কলাপ, খেলা-ধূলা আৰু আমাৰ লগত ফূৰ্তি-ফাৰ্তা কৰি কটাইছিল। আমি পুচতেনী ভৱনৰ ওচৰত থকা এখন বাগিচাত খেলিছিলো..

তেতিয়া আমি গম পোৱা নাছিলো যে আমাৰ খেলা-ধূলাৰ ক্ষেত্ৰ জালিয়ানাবাগৰ ওচৰত হয়, য'ত ভাৰতৰ স্বাধীনতাৰ বাবে শ্বহীদ সকলে নিজৰ প্ৰাণৰ আহুতি দিছিল...! এইটো স্বাধীন ভাৰত কিৰণক প্ৰথম মহিলা ভাৰতীয় পুলিচ বিষয়া হিচাপে হোৱাত এদিন সাক্ষীও হ'ব, যাক নিজৰ নিৰ্ভীকতা আৰু আইন প্ৰণয়ণ কৰাত পটুতাৰ বাবে জানিব।

2

আমাৰ আজুককা এক ধনী ব্যৱসায়ী আছিল, যি 1860 ত পেচাৰৰ পৰা অমৃতসৰলৈ আহিছিল, পেচাৰৰ এতিয়া পাকিস্তানত আছে। পেচাৰৰ পৰা অহাৰ কাৰণেই আমাৰ পৰিয়ালক পেচাৰৰীয়া বুলি কব ধৰে।

লালা হৰগোকিদ পেচাৰৰীয়া

মুনীলাল পেচাৰৰীয়া আৰু প্ৰীতম কৌৰ

কিচনদাস আৰোৰা আৰু কৃপাল কৌৰ

লালা হৰগোকিদ ধাৰ্মিক প্ৰবৃত্তিৰ ব্যৱসায়ী আছিল, যি কেইবাটাও অতিথিশালা নিৰ্মাণ কৰে যাক পেচাৰৰীয়া ধৰ্মশালা বুলি কোৱা গৈছিল। তাত উত্তৰ ভাৰতৰ বিভিন্ন নগৰৰ পৰা অহা তীৰ্থ যাত্ৰী সকল থাকিছিল।

আমাৰ মা-দেউতা প্ৰকাশ লাল আৰু প্ৰেমলতা পেচাৰৰীয়া

পেচাৰৰীয়া ধৰ্মশালা

এই অতিথিশালাৰ চোৱাচিতা এক পেচাৰৰীয়া ট্ৰাস্টে কৰে।

আমাৰ ককা, শ্ৰী মুনীলাল পেচাবৰীয়া জন্মৰ পৰাই অমৃতসৰৰ এক ধনীবান আৰু প্ৰভাৱশালী ব্যৱসায়ী আছিল। তেওঁৰ চহৰত বহুতো ধন-সম্পত্তি আৰু ব্যৱসায়িক উদ্যম আছিল।
SERVICE CLUB AMRITSAR
তেওঁ অমৃতসৰৰ সৰু ক্লাবৰ সদস্য আছিল। তেওঁ ক্লাব যোৱাৰ অনুমতি তেওঁৰ চাৰিজন পুতেকৰ ভিতৰত কেৱল আমাৰ দেউতাকেই দিয়ে।
তেওঁ এইটো বুজা নাছিল যে মোৰ স্কুল যোৱা তিনিটা সন্তান আছে।
প্ৰকাশু! এইটো লোৱা তুমি তোমাৰ এইটো মাহৰ খৰচ।
শিক্ষিত হোৱা স্বত্ত্বেও তেওঁৰ গতিবিধি সামন্তবাদী আৰু সকলোৰে ওপৰত অধিকাৰ ৰখা আছিল। তেওঁ এইটো নিশ্চিত কৰিছিল যে এটো কেই মাহৰ খৰচৰ পৰা মোৰ পিতা তেওঁৰ বাবে কাম কৰি থাকিব।
আমাৰ ককাৰ মত এইটো আছিল যে তেওঁ যিমান দিয়ে সেইটো সেইকাৰণে পৰ্যাপ্ত যে, কাৰণ খোৱা-লোৱা আৰু ক্লাবৰ বিলৰ খৰচ বেলগ দিছিল।

আমাৰ দূৰ-দৰ্শী মা-দেউতাই আমাৰ অধ্যয়নৰ বাবে চেক্ৰেড হাৰ্ট কনভেন্ট স্কুললৈ পঠিওৱাটো সঠিক বুলি ভাৱে। এইখন স্কুল আমাৰ ঘৰৰ পৰা 14 কি.মি. আছিল যাক সৰ্বোত্তম আৰু সকলোতকৈ দামী স্কুল বুলি মনা গৈছিলা।
যেতিয়া আমি ডাঙৰ-দীঘল হওঁ তেতিয়া আমাৰ জেপ খৰচ আৰু স্কুলৰ ফীচৰ বাবে খৰচ অধিক হ'ব ধৰে।
এইবাৰো তোমাৰ ফীচ পলম হৈছে।
চিন্টাৰ, মই অহা মাহত নিশ্চয় জমা কৰি দিম।
খৰচ বাঢ়ি যোৱাৰ পৰা চিন্তিত হোৱা আমাৰ দেউতাক ককাই এদিনত তেওঁক কয়ঃ
পাপাঃ এতিয়ালৈকে আপুনি মোৰ বাবে সকলো সিদ্ধান্ত লৈছিল আৰু মই সেইবিলাক মানিছো। কিন্তু মই আপোনাক মোৰ ছোৱালীবিলাকৰ বাবে এটি সিদ্ধান্ত লব নিদিওঁ।
প্ৰকাশঃ আমাৰ ঘৰৰ ওচৰতেই এক বিনা মূল্যৰ স্কুল আছে। তুমি ছোৱালিকেইকটাত তাত কিয় পঠিয়াই নিদিয়া। আৰে, তেওঁলোকৰ বিয়াত যৌতুক দিবৰ বাবে পৰিয়ালত বহুত সম্পত্তি আছে।
তেতিয়াহ'লে তুমি তোমাৰ খৰচ নিজে উলিওৱা। মই তোমাক কোনো আৰ্থিক সহায় নকৰো।
প্ৰেম ! জীৱনত প্ৰথম বাৰ আজি মই মোৰ দেউতাক কথা নমনাৰ সাহস দেখুৱাওঁ। মোৰ ছোৱালী বিলাকৰ চোৱাচিতা বেলেগ ধৰণে হ'ব।
লাগিলে যি হওক, ছোৱালীবিলাকৰ পঢ়াৰ ক্ষেত্ৰত কোনো ধৰণৰ চুক্তি নকৰিম। মই বিচাৰো যে মোৰ ছোৱালীবিলাক দান দিয়া হওক সহায় লোৱা নহয়।
তাৰ পিছত আমাৰ দেউতাই বীমাৰ কাম কৰি ধৰে। আমাৰ মাৰ মা-দেউতাই আমাৰ স্কুলৰ ফীচ দিব ধৰে। কিছু সময় পিছত আমাৰ মা-দেউতাক পাৰিবাৰিক সম্পত্তিৰ বহুত ডাঙৰ ভাগ পায়।

কিৰণৰ নেতৃত্ব কৰা গুণ বহুম আগতে দেখা দিব ধৰে। তেওঁ কঠোৰ পৰিশ্ৰমী আছিল, সেইকাৰণে তেওঁ শিক্ষকৰ প্ৰিয় আছিল।
হে প্ৰভু! মোক এনে এক ব্যক্তি হিচাপে স্বীকৃতি দিয়া যে মোৰ মা-দেউতাই গৌৰব কৰিব পাৰে।
লাগিলে কঠোৰ ৰ'দ হওক বা বৰষুণ, দেউতাই আমাক চাইকেলেদি সদায় স্কুললৈ লৈ গৈছিল। আমি আৰু বিশেষকৈ কিৰণে বুজি পাইছিল যে আমি ভাল সুযোগ প্ৰাপ্ত কৰিবৰ বাবে আমাৰ মা-দেউতাই বহুত আহুতি দিছে।
মই কেতিয়াও তেওঁৰ পৰিশ্ৰমৰ ঘামৰ এটা টোপালো ব্যৰ্থৰে যাব নিদিওঁ।

স্কুলৰ পিছত টেনিচ ক্লাব যাবৰ বাবে সদায় আমি বাহন বিচাৰিব লগীয়া হৈছিল, যিটো প্ৰায় 7 কি.মি. দূৰত আছিল। সেইকাৰণে আমি কোনো মিত্ৰৰ পৰা লিফট লোৱা বা বাচ ধৰা আদি সকলো ধৰণৰ চেষ্টা আমি বাই-ভনী সকলে কৰিছিলো।
আমাৰ বাবে যি কোনো কাম একেলগে কৰাৰ প্ৰতিভাও জগোৱাৰ আৱশ্যক আছিল-- 24 ঘণ্টাতে আমি স্কুললৈ যাব লাগিছিল, ভাল বিদ্যাৰ্থী হ'ব লগীয়া আছিল আৰু প্ৰতিস্পৰ্ধাপূৰ্ণ টেনিচত ভাল প্ৰদৰ্শন দেখুওৱা শিকিব আছিল।
লাগিলে আমাৰ হোমৱৰ্ক কৰা হওক বা টেনিচ কৰ্টত আমাৰ পাল অপেক্ষা কৰা....
বা ঘৰলৈ আহি মতভেদ হোৱা সকলৰ পৰা বচাই হওক। আমি কম বয়সতেই শক্তিশালী আৰু আত্ম-নিৰ্ভৰ হোৱা শিকিব লগীয়া আছিল। আমাৰ ডাঙৰ-দীঘল হোৱাত কোনো ধৰণৰ মা-দেউতাই লগ দিছিল।

ৰাতিৰ ভোজনৰ কেৱল আমাৰ মাৰ দ্বাৰা ৰন্ধা সোৱাদদায়ক
ব্যঞ্জনৰ সোৱাদ লোৱাৰেই মাধ্যম নাছিল......

আমি দিনটোৰ কথা পৰস্পৰৰ মাজত কৈ আনন্দ উপভোগ কৰিছিলো।

আমি সকলোৱে ঘৰৰ কামত
সহায় কৰিছিলো...লাগিলে
মজিয়া চাফা কৰা হওক.....

বা দেউতাৰ বাইক চাফা কৰা।

পোষণ কেৱল ভোজনলৈকে সীমিত নাছিল...
কিৰণৰ মনত আছে যে কেতিয়াবা-কেতিয়াবা আমাৰ দেউতাই
লাইট বন্ধ হোৱাৰ পিছতো আমাক জগাই দিছিল আৰু তেওঁৰ প্ৰেৰক বিচাৰক
আমাৰ লগত চেয়াৰ কৰিছিল। তেওঁ ৰাতি বেছি দেৰিলৈকে পঢ়িছিল।

এইটো সৰু-সৰু কথা, তেওঁক সাহসী কৰে
আৰু প্ৰেৰণা দিয়ে।

বহু সৰু কালৰে পৰাই কিৰণে গম পাইছিল যে যদি কাৰোবাৰ সহায় কৰিব লাগে তেতিয়াহ'লে প্ৰভাৱশালী প্ৰাপ্ত কৰাৰ আৱশ্যক। এদিন আমাৰ গাখীৰ দিয়া ব্যক্তিৰ স্ত্ৰীয়ে কান্দি আহে-কাৰণ তেওঁৰ পতিক পুলিচে এটা কেচত গ্ৰেপ্তাৰ কৰিছিল।

বাপুজি! মোৰ পতি নিৰ্দোষ হয়। কৃপা কৰি তেওঁক বচাওক।

কিৰণে দেখা পাই যে তেওঁৰ পিতাকে এৰিয়া অফিচাৰক ফোন কৰে।

অফিচাৰ! এজিন ব্যক্তি নিৰ্দোষ হয়। কৃপা কৰি নিশ্চিত কৰক যাতে তেওঁৰ লগত কোনো ধৰণৰ অন্যায় নহয়।

...আৰু কাম শেষ হোৱাৰ পিছত সন্ধ্যা হোৱাৰ লগে লগে সেই স্ত্ৰীৰ পতি ঘৰলৈ উভতে।

হে ভগৱান! মোক এনে ব্যক্তি কৰি দিয়া যে মই মোৰ প্ৰভাৱৰ পৰা সমস্যাত পৰা লোক সকলৰ সহায় কৰিব পাৰো।

অন্য ঘটনা, যি আমাক প্ৰভাৱিত কৰিছিল, বিয়া আছিল। যেতিয়া আমি দেউতাক সুধো যে ইমান বৈভৱ প্ৰদান কিয় কৰা গৈছে যে সকলো ফালে মূল্যৱান ঘৰুৱা বস্তু দেখা দিছে, তেতিয়া তেওঁ কয় যে যৌতুকৰ বস্তু হয় যিবিলাক দৰা আৰু তেওঁৰ পৰিয়ালে বিচাৰিছে।

প্ৰত্যেক ছোৱালীৰ বিয়া ইমান মূল্যৱান বস্তু দিয়েই সম্ভৱ হয়নেকি ?

হয় ! এইটো সেই পৰিয়ালে কৰিবলৈ বাধ্যত পৰে, যি দৰা পক্ষৰ দাবী হয় আৰু যাৰ কণ্যাৰ ফালৰ পৰা বিৰোধ কৰাৰ সাহস নাথাকে।

মা-আমাক ঘৰলৈ লৈ বলা। ইয়াত একো ভাল লগা নাই। ইয়াত আমাৰ ভোজন কৰাৰ অলপো ইচ্ছা নাই।

সেই নিশা কিৰণে অলপো শুব নোৱাৰিলে...তেওঁৰ চিন্তা হৈছিল যে এনেধৰণৰ ঘটনা তেওঁৰ লগতো হ'বনেকি ? তেওঁও এজনী ছোৱালী হয়।

শুব যোৱা কিন্নী ! চিন্তা নকৰিবা... এই সকলো তোমাৰ লগত নহ'ব আৰু তোমাৰ ভনী সকলৰ লগতো নহ'ব। তোমালোকৰ ডাঙৰ-দীঘল বেলেগ ধৰণে হৈছে। তোমালোক দান দিয়া হ'ব, প্ৰাপ্ত কৰা নহয়।

স্কুলৰ দিনৰ পৰাই কিৰণে ভাল-বেয়া গম পাইছিল। তেওঁৰ সিদ্ধান্ত শুদ্ধ হৈছিল।

কিৰণ তুমি গণিত দুৰ্বল, গতিকে আমি তোমাক চাইঞ্চত নহয়, ঘৰুৱা অধ্যয়নৰ বিষয় দিব পাৰো।
ঘৰুৱা অধ্যয়নৰ বিষয়। কেতিয়াও নহ'ব। এনে কৰিলে মই স্কুল সলনি কৰিম।
মা ! মই স্কুল সলনি কৰিম- তেওঁলোকে মোক ঘৰুৱা অধ্যয়নৰ বিষয় দিব বিচাৰে, চাইঞ্চ নহয়।
ঠিক আছে ! মই জানো যে তোমাৰ লক্ষ্য বহুত স্পষ্ট হয়।
CAMBRIDGE COLLEGE
কিৰণ সদায় স্পষ্ট বিচাৰৰ হয়...তেওঁ অন্য স্কুলত এডমিচন লয় য'ত তেওঁ চাইঞ্চৰ লগতে হিন্দী বিষয় লৈ ডাবল প্ৰমোচন পায় আৰু তেওঁৰ জ্যেষ্ঠ সকলৰ তুলনাত এক বছৰ কম বয়সত আগবাঢ়ি যায়।

এদিন টেনিচ খেলি তেওঁক এনে লাগে যে দীঘল চুলিয়ে বহুত অসুবিধা কৰে- বিশেষকৈ গৰমত। কিৰণ ব্যৱহাৰিক-বুদ্ধিৰ ধনী আছিল।
মই বিচাৰোঁ যে এই দীঘল চুলিৰ পৰা মুক্তি পাওঁ-চুলি চকুত লাগি যায়।
তেওঁ বহুত কষ্টেৰে মাকৰ পৰা অনুমতি বিচাৰে। মায়ে সদায় সন্ধ্যা টেনিচ কোৰ্টলৈ আহিছিল।
মা! মই চুলি কটোৱাই দিওঁনে, ইয়াৰ পৰা বহুত অসুবিধা হয়।
ঠিক আছে কটাই লোৱা।
DOGRA
Hair Dresser AMRITSAR
কিৰণে সোনকালে ৰাস্তা পাৰ কৰে আৰু দেউতাকৰ হেয়াৰ ড্ৰেচাৰে চুলি কাটিবলৈ কয়।
ডোগৰাই সেই স্টাইলত চুলি কাটি দিয়ে, যিটো তেওঁ জানিছিল...বয় কাট! (ল'ৰাৰ দৰে)
লং পেন্ট পিন্ধি কিৰণক একেবাৰে ল'ৰাৰ দৰে লাগিছিল আৰু ছোৱালীৰ ভয়ানক পৰিস্থিতিত তেওঁক ল'ৰা যেন লাগিব ধৰে।
আৰে! তুমি ল'ৰানে ছোৱালী।
তোমাৰ চকুনে বুটাম।

শক্তি আৰু লিংগ ভেদৰ কাৰণে হোৱা দুৰ্ভাৱনাত কিৰণে কষ্ট পাইছিল। তেওঁৰ মনত আছে যে এইটো কাৰণে চেক্ৰেট্ৰীৰ অফিচৰ পৰা ৰেল যাত্ৰাৰ ৰেহাই লবৰ বাবে ঘণ্টা ধৰি অপেক্ষা কৰিব লগীয়া হৈছিল।

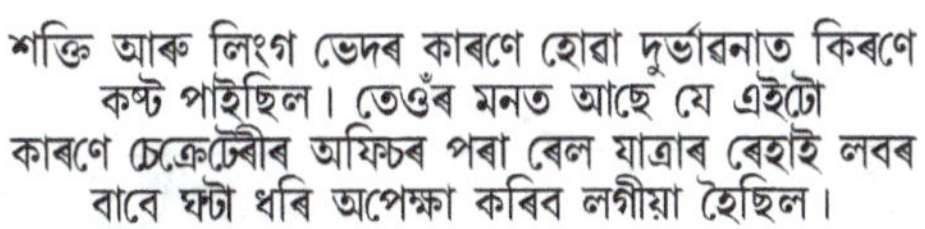

পাঞ্জাৰ স্টেট লন টেনিচ এচছিয়েছন

এইটো দুৰ্ভাগৰনা ইয়ালৈকে সীমিত নাছিল। ছোৱাৰী হোৱাৰ কাৰণে ল'ৰাৰ তুলনাত টেনিচ খেলিবৰ বাবে বহুত কম ভত্তা পাইছিল। অন্যায়ক কেতিয়াও সহ্য কৰিব নোৱাৰা কিৰণেকই কেৱল কঠোৰ বিৰোধেই কৰা নাছিল বৰং ছোৱালীক ভাল ভত্তা দিয়াইহে এৰে।

কিৰণে কোনো ধৰণৰ ভেদভাৱ সহ্য কৰিব পৰা নাছিল।
মা !
তেওঁ মোক অপেক্ষা কৰোৱাই আৰু সমানে পইচাও নিদিয়ে।
পুত্ৰী..
এইটো স্থিতিৰ পৰা শিক্ষা লোৱা। মনত ৰাখিবা...যেতিয়া তুমি ডাঙৰ হৈ যাবা তেতিয়া এই লোক সকলৰ দৰে নহ'বা। তোমাৰ বেলেগ ছবি সম্পন্ন কৰিবা।

এইটো হেছে মা...যি পইচা আপুনি দিছিল, মই সাচি ৰাখিছো।
মোৰ পুত্ৰী ! তুমি সদায় এইটো কৰা...তুমি কেতিয়াও সময় নষ্ট নকৰা আৰু পইচা।

 য'ত অন্য ছোৱালীবিলাকে সমাজত সোমাবলৈ সাজু হয় যেনে বিয়া আদিৰ বাবে ব্যস্ত থাকে কিৰণে নিজকে অলৰাউডাৰ হিচাপে স্বীকৃতি দিবলৈ পৃষ্ঠভূমি সাজু কৰিছিল, যিটো তেওঁ হয়।

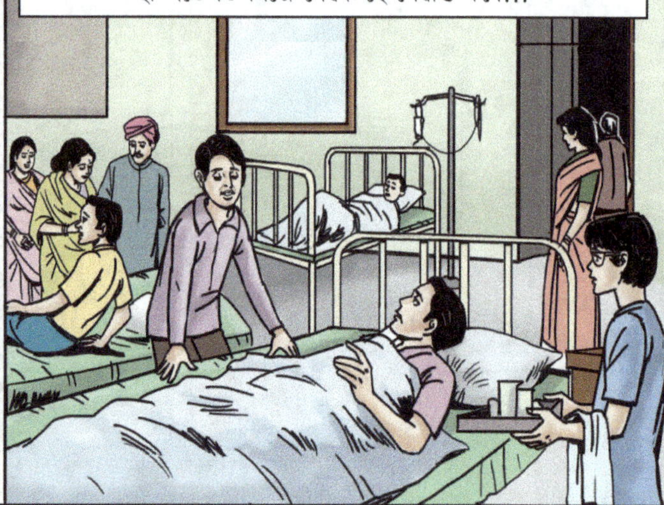

তেওঁ ভাৰত পাকৰ 65 ৰ যুদ্ধত ৰক্তও দান কৰে আৰু হস্পিতেলত নিজে সেৱক হৈ সেৱাও কৰে...

ডিবেটিং চছায়টি
আৰু তৰ্ক প্ৰতিযোগীত আৰু আকস্মিক বাক প্ৰতিযোগীতাও জয় কৰে।

তেওঁ ছাত্ৰ সহাৰ প্ৰতিনিধিও হয়।

আৰু এথলেটিক্সটো সাহসেৰে অংশ গ্ৰহণ কৰে।
এথলেটিক্স চছায়টি

...তেওঁ কেইবা প্ৰকাৰৰ খেলত ট্ৰফী প্ৰাপ্ত কৰে।

...তেওঁ নেচনেল কেডেট কৰ্প (এনচিচি)ৰ বেষ্ট কেডেট হিচাপে নিৰ্বাচিত হয়।

কলেজৰ ড্ৰামা আদিতো ভাগ লয়।

আৰু কলেজত শ্ৰেষ্ঠ অলৰাউডাৰৰ ট্ৰফিও প্ৰাপ্ত কৰে।

কিৰণ সকলো ক্ষেত্ৰত সফল হৈছিল।

কিৰণৰ টেনিচ কেৰিয়াৰৰ আৰম্ভণি 1967 ৰ অল
ইন্ডিয়া নেচনেল গাৰ্লচ লন টেনিচ চেম্পিয়নশ্বীপত হয়..

...আৰু গোটেই পৰিশ্ৰম
যি নেচনেল কচিং কেম্পৰ
ট্ৰেনিঙত কৰিছিল, সেইটো
কামত দিব ধৰে।

নেচনেল জুনিয়ৰ কচিং কেম্প, পুণে।

যিহেতু আমি ভনী সকলে সদায় বগা নিকৰ আৰু বগা বুচচার্টতে
টেনিচ খেলত অংশ লৈছিলো, সেইকাৰণে আমি এক নাম
দিছিল-'পাঙ্গাৰ ব্রাদাচ'
ছাব্বাছ !
পাঙ্গাৰ ব্রাদার্চ।
'দা পাঙ্গাৰ ব্রাদার্চ' ৰাজ্যৰ বাবে গৌৰৱ আৰু হৰ্ষৰ কাৰণ হৈ গৈছিল।
বিশেষকৈ
যেতিয়া অল ইণ্ডিয়া ইণ্টাৰ
ইউনিভাৰচিটিৰ ট্ৰফি উত্তৰৰ পৰা আমাৰ ৰাজ্যলৈ
আহে-তিনিটা একেলেথৌৰিয়ে বিজয়ৰ পিছত প্ৰথম বাৰ
বিশাখাপট্টনমৰ পৰা 1968 ত, তাৰ পিছত বাঙ্গালোৰৰ পৰা
1969 ত আৰু তৃতীয় বাৰ জবলপুৰৰ পৰা 1970 ত।

এইটো আকাশবাণী হয়। আজিৰ খেলৰ বাতৰি হৈছে, পাঞ্জাব ইউনিভাৰচিটিয়ে এইটো বছৰতো টেনিচ চেম্পিয়নশ্চিপ জয় কৰে যেতিয়া পেচাৰৰীয়া ভনী সকলে কৰ্ণাটক ইউনিভাৰচিটিক এক কঠিন মেচত পৰাজয় কৰে।
সেই সময়ত ৰেডিঅই শীঘেই বাতৰি পোৱাৰ এক মাত্ৰ সাধন হৈছিল-তাৰ পিছতহে বাতৰি কাকত আৰু লেহেমীয়া গতিৰ ডাক ব্যৱহাৰ নম্বৰ আহিছিল।
বহুত কম বয়সত এইটো চেম্পিঅনশ্চিপ ট্ৰফি জয় কৰাৰ কাৰণে কিৰণ এক বিখ্যাত স্পোৰ্টছৰমেন হৈ গৈছিল।
তেওঁৰ প্ৰথম অটোগ্ৰাফ এক যুৱতীক দিছিলঃ 'নিজৰ জীৱনত অসাধাৰণ হোৱা।'
তেওঁক গমেই পোৱা নাছিল যে তেওঁ নিৰন্তৰে এইটো বিচাৰক আহিব লগীয়া সময়ত চৰিতাৰ্থ কৰি থাকিব যেতিয়া সংঘৰ্ষশীল হৈ যাব আৰু সফলতা পাব।
নিজৰ জীৱনত অসাধাৰণ হোৱা
-কিৰণ পেচাৰৰীয়া
Be Extra Ordinary in your life
Kiran Peshavarini

যেতিয়া এই মেচ বিলাকৰ কাৰণে তোমাৰ শ্বাচ মিচ কৰিব লগীয়া হয় তেতিয়াহ'লে তুমি তোমাৰ পঢ়াৰ কোর্চ কেনেদৰে পূৰা কৰা।
মই যাত্ৰাৰ সময়ত মোৰ লগত কিতাপ লৈ যাওঁ আৰু সন্ধ্যাৰ মেচৰ পিছত পঢ়ো। তেতিয়াও মই পৰীক্ষাত প্ৰস্তুতিৰে যাওঁ।
আপুনি টেনিচ বৃত্তিৰ ৰূপত খেলিবনে।
টেনিচ এক পাৰিবাৰিক খেল হয় য'ত অল ৰাউণ্ডাৰ হোৱাৰ আৱশ্যক হয়। অৱশ্যে মই চৰকাৰত যাব বিচাৰো।
অকলে যাত্ৰা কৰা সময়ত তোমাক ভয় নালাগেনে ?
নহয় আন্টি! মোৰ পৰিয়ালৰ চোৱাচিতাই মোক সাহসী কৰিছে।
সংসাৰত তুমি সকলোতকৈ বেছি কাৰ প্ৰশংসক।
মাৰ্টিন লুথাৰ কিং আৰু ইন্দিৰা গান্ধীৰ।
খালি সময়ত আপুনি কি কৰে।
ভনী সকলৰ লগত চাইকেলত ফুৰো আৰু প্ৰিয় চাটৰ পৰা গোল গপ্পে খাওঁ।
জীৱনত আপোনাৰ আদৰ্শ বাক্য কি হয় ?
মা-দেউতাক গৌৰৱান্বিত অনুভৱ কৰোৱা।

তাত প্রৱেশ কৰাৰ পিছত কিৰণে ফ্লায়িং শিখ মিলখা সিং আৰু তেওঁৰ পত্নী নির্মলক লগ কৰে। তেতিয়া মিলখা সিং ইউনিভার্চিটিত ডায়ৰেক্টৰ অপ স্পোর্টচ আছিল।

ইউনিভাৰচিটিত কিৰণে নিজৰ কামত লাগি থাকে। সদায় শিকিবলৈ তৎপৰ হোৱা কিৰণে সকলো সুযোগৰ ভৰপুৰ লাভেই উঠোৱা নাছিল বৰং নিজেও কেইবাটাও সুযোগ সৃষ্টি কৰে-তেওঁৰ দিন সদায় তেওঁৰ প্ৰিয় দুকানৰ পৰা গাখীৰ কলৰ নাচতা প্ৰাপ্ত কৰাৰ পৰা আৰম্ভ হৈছিল....।

প্ৰথম বাৰ কিৰণে ঘৰৰ পৰা দূৰত হস্টেলত থাকিছিল। তাত তেওঁ শিকে যে কেনেদৰে তেওঁৰ সংসাধনৰ সমূহ উপযোগ কৰিব লাগে। তাত তেওঁ শিকে যে বেজিৰে কেনেদৰে নিজৰ স্কাৰ্ট চিলাই কৰিব লাগে।

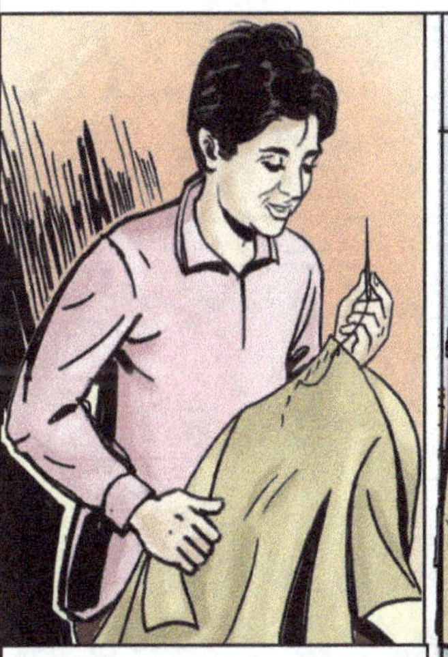

তেওঁ কলেজৰ সমাৰোহতো বহুত ফূৰ্তি কৰে.... তেওঁক এনে সুযোগৰ বহুত ৰুচি আছিল।

টোপনী যাতে...তাৰে বাবে বাহিৰত গৈ পৰ্দে।

এথলেটিক ইভেণ্টটা বহুত অংশ গ্ৰহণ কৰে।

তেওঁ দিল্লীত হোৱা কমনৱেল্থ এক্সচেঞ্জ অফ স্টুডেণ্টত পাঞ্জাৱ ইউনিভাৰচিটিৰ ফালৰ পৰা প্ৰতিনিধিত্বও কৰে।

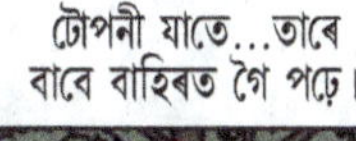

**CAMPUS GIRL BAGS
'DOUBLE'
IN DELHI TENNIS**

Kiran Peshawaria, a student of this campus won a double crown in the Delhi Hard Court Tennis Championships held recently at the NSCI Courts from October 12—20.

In the Ladies singles, Kiran had no difficulty in putting it past Manju Gupta at 6—3, 6—4. For Kiran it was sweet revenge as she had been beaten earlier by Manju Gupta in the National Championship.

"I had gone to Delhi, determined to win the Championship", says Kiran, a regular and familiar figure on the Campus Tennis Courts. Her short hair muffled by the stiff breeze that blew across the court, a wide grin on her face, Kiran said that she was very happy that she had won.

তেওঁ অমৃতসৰৰ প্রথম ছোৱালী আছিল যি লুনা মোপেড চলাইছিল।

এক যুৱতী শিক্ষয়িত্রী হোৱাৰ কাৰণে পুৰনা পৰম্পৰাক পৰিবর্তন কৰে আৰু বিদ্যার্থীক নিজৰ ট্ৰিৰ হোৱাৰ প্ৰেৰিত কৰে... ইয়াৰ পৰা তেওঁলোকৰ আত্মবিশ্বাসো বাঢ়ে।

এবাৰ পুনৰ তেওঁৰ বহুত প্রশংসক হৈ গৈছিল... তেওঁৰ লগৰীয়াৰ উৎসাহ জাগিছিল আৰু তেওঁৰ বিদ্যার্থী তেওঁক নিজৰ ৰোল-মডেল (আদর্শ) হিচাপে মানিব ধৰিছিল। তেওঁ এক অলৰাউণ্ডাৰ আছিল যি চিভিল চার্ভিছ পৰীক্ষাৰ বাবে প্রস্তুতি চলাইছিল আৰু কলেজতো পঢ়াইছিল। তথাপিও তেওঁ টুর্নামেন্টত ভাগ লোৱা এৰা নাছিল।

মেম ! আপুনি সকলো একেলগে কেনেদৰে কৰি লয়।
মোৰ প্ৰকৃতি এনেকুৱাই... মই ডাঙৰ দীঘলো হৈছো এনে পৰিৱেশত য'ত কোনো কাম একেলগে কৰা গৈছিল।
মেম ! আমি সদায় আপোনাক লংপেণ্টতেই দেখা পাইছো। আপুনি কেতিয়াবা শাৰি পিন্ধিছেনে ?
মই বেছিভাগ সময় বাহিৰত থাকিছো বা খেলিছো বা চাইকেল চলাইছো। এনে সক্ৰিয় জীৱনত পেণ্টত বেছি সুবিধা হয়। সেইকাৰণে এতিয়ালৈকে শাৰি পিন্ধা নাই।
যদি আপুনি বিদেশলৈ যাবলৈ সুযোগ পাই তেতিয়াহ'লে আপুনি যাব বিচাৰিবনে ?
ফুৰিবলৈ যাব পাৰো, কিন্তু আজীৱন থাকিবলৈ কেতিয়াও নহয়। মই মোৰ দেশৰ সেৱা কৰিব বিচাৰো।
আমি শুনিছো যে আপুনি চিভিল চাৰ্ভিচৰ পৰীক্ষাৰ প্ৰস্তুতি চলাইছে। আপুনি কোনটো সেৱাত যাব বিচাৰিব।
মোৰ প্ৰথম ৰুচি আই.পি.এচ. হয় কাৰণ এইটো সেই সেৱা হয় যিটো শীঘ্ৰে ন্যায় দিয়াই।
আপোনাৰ আদৰ্শ পুৰুষ কোন হয় ?
তেওঁ যি ভাৱে যে বিয়া এক সমানতাৰ সম্বন্ধ হয়।
আপোনাৰ বাবে পইচা কিমান মহত্ব হয়।
সিমানেই যৰ পৰা এইটো প্ৰয়োজনীয়তাক পুৰা কৰে। বেছি পইচাৰ সদায় বিতৰন কৰি দিব লাগে।

1. FIGHT FIGHT FIGHT
2. Determination Presence of Mind — Positive Attitude A
3. THAT LITTLE EXTRA
4. Concentration Anticipation — Early Running — Early Swing — Early Position
5. Energy Like A Million Batteries
6. yet Cool and Thoughtful
7. TAKE YOUR TIME — FOLLOW THROUGH
8. BEND — BEND — BEND
9. Relaxed Limbs
10. Stroke High for GOOD LENGTH
11. ALWAYS KEEP OPPONENT OUT SIDE THE BASELINE
12. PASS VERY CALMLY DOWN THE LINE OR LOB WELL
13. SERVE — THROW — SWING WELL — BODY WEIGHT — OVER THE SERVICE LINE

ALWAYS BRING A PROPER SWING — FOLLOW THROUGH
RALLY — RALLY — RALLY HIGH
AVOID THE NET — AVOID GERK
GET NEAR AND UNDER THE BALL — BEND — BEND — BENT
KEEP IN MIND THE COOL AND STROKING PICTURE OF KRISH IN MIND —
PLAY ALL COURT GAME
REMEMBER YOU YOURSELF HAVE PLAYED AND WON GREAT FINALS WHICH HAVE BEEN ACKNOWLEGED NEAR WORLDCLSS
GOOD LUCK AND
MY BLESSINGS ARE WITH YOU

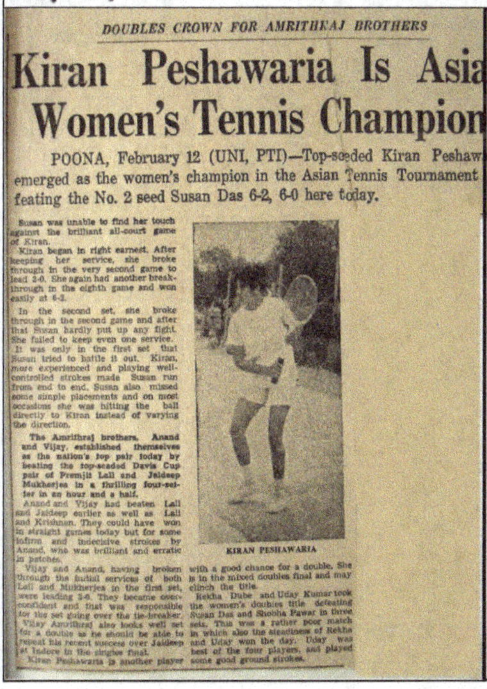

DOUBLES CROWN FOR AMRITHRAJ BROTHERS

Kiran Peshawaria Is Asia Women's Tennis Champion

POONA, February 12 (UNI, PTI)—Top-seeded Kiran Peshaw emerged as the women's champion in the Asian Tennis Tournament feating the No. 2 seed Susan Das 6-2, 6-0 here today.

Susan was unable to find her touch against the brilliant all-court game of Kiran.

Kiran began in right earnest. After keeping her service, she broke through in the very second game to lead 2-0. She again had another break-through in the eighth game and won easily at 6-1.

In the second set, she broke through in the second game and after that Susan hardly put up any fight. She failed to keep even one service. It was only in the first set that Susan tried to battle it out. Kiran, more experienced and playing well-controlled strokes made Susan run from end to end. Susan also missed some simple placements and on most occasions she was hitting the ball directly to Kiran instead of varying the direction.

The Amrithraj brothers, Anand and Vijay, established themselves as the nation's top pair today by beating the top-seeded Davis Cup pair of Premjit Lall and Jaideep Mukherjea in a thrilling four-setter in an hour and a half.

Anand and Vijay had beaten Lall and Jaideep earlier as well as Lall and Krishnan. They could have won in straight games today but for some infirm and indecisive strokes by Anand, who was brilliant and erratic in patches.

Vijay and Anand, having broken through the initial services of both Lall and Mukherjea in the first set, were leading 3-0. They became over-confident and that was responsible for the set going over the tie-breaker. Vijay Amrithraj also looks well set for a double as he should be able to repeat his recent success over Jaideep at Indore in the singles final. Kiran Peshawaria is another player

KIRAN PESHAWARIA

with a good chance for a double. She is in the mixed doubles final and may clinch the title.

Rekha Dube and Uday Kumar took the women's doubles title defeating Susan Das and Shobha Pawar in three sets. This was a rather poor match in which also the steadiness of Rekha and Uday won the day. Uday was best of the four players, and played some good ground strokes.

কিৰণক প্ৰেম কৰিবলৈও সময় পায়...টেনিচেই তেওঁৰ হ'ব লগীয়া পতিক লগ পোৱাৰ মাধ্যম হৈ পৰে। সেই ব্যক্তি যি কিৰণৰ হৃদয় জয় কৰে, একেলগে টেনিচ প্লেয়াৰ আছিল, এ চি চাৰ্ভিচ ক্লাবৰ সদস্য।

কিৰণ আৰু ব্ৰীজ মাৰ্চ 1972 ত বিবাহ পাশত সোমাই যায়। বিবাহ এক মন্দিৰত হয় য'ত দুয়ো পক্ষই আশীৰ্বাদ দিয়ে। যৌতুক একেবাৰে দিয়া নাছিল...লোৱাও নাছিল। মিত্ৰ আৰু সম্বন্ধীয়ৰ বাবে এক যৌথ ৰিচিপচন দিয়া যায়, যাৰ খৰচ কিৰণ আৰু ব্ৰীজ দুয়োৰে উঠাই।

জুলাই 1972 ত কিৰণে ইতিহাস ৰচনা কৰে। তেওঁ ইন্ডিয়ান পুলিচ বিষয়া হয় আৰু এনে কৃতিত্ব প্ৰাপ্ত কৰা প্ৰথম ভাৰতীয় মহিলা আছিল।
কিৰণ আৰু তেওঁৰ লগৰীয়াই মিলি অল ইণ্ডিয়া চিভিল চাৰ্ভিচেচত ফাউণ্ডেচন কোৰ্চৰ ট্ৰেনিং আৰম্ভ কৰে। একাডেমিত অহাৰ কেইবা মাহ পিছত কিৰণক মাতে-তেওঁক তেতিয়াৰ কেন্দ্ৰীয় গৃহমন্ত্ৰীক লগ কৰিব লগীয়া আছিল।
কিৰণঃ তোমাক দিল্লীলৈ মাতিছে। তাত তুমি গৃহমন্ত্ৰীক লগ কৰিব লাগে।
ঠিক আছে।
কিৰণে এই বিষয়ে একাডেমিৰ তেওঁ লগৰীয়াক অৱগত কৰায়।
তোমাৰ মন সলনি নকৰিবা। আমি তোমাক প্ৰথম আই.পি.এচ. মহিলাৰ ৰূপত চাব বিচাৰো।
তুমি কি ভাবা... মই এনেদৰে কৰিম কেতিয়াও নহয়।
কিৰণ, তুমি নিশ্চয় জানা যে আই.পি.এচ. ত আমি কেতিয়াও মহিলাক ৰখা নাই... কাৰণ এইটো কাম বহুত কঠিন হয়। তুমি ইয়াৰ ওপৰত পুনৰ বিচাৰ কৰিব বিচাৰানেকি ?
নহয় চাৰ ! মই কেৱল ইণ্ডিয়ান পুলিচ চাৰ্ভিচ বিচাৰো আৰু তাৰ বাবে মোৰ ৰুচি স্পষ্ট আৰু অটল হয়।
K.C. PANT

নেচনেল পুলিচ একাডেমি, মাউণ্ট আবু, ৰাজস্থানত ট্ৰেনিঙৰ সময়ৰ এইটো তেওঁৰ প্ৰথম ফটো হয়।

যিহেতু তেওঁ প্ৰথম মহিলা পুলিচ অফিচাৰ আছিল, সেইকাৰণে মেডিয়াই তেওঁৰ ইণ্টাৰভিউ লয়।

তোমাৰ ওচৰত অন্য বিকল্প থকাৰ সত্ত্বেও তুমি ইণ্ডিয়ান পুলিচ চাৰ্ভিচতেই কিয় জইন কৰিব বিচাৰা ?

বমোৰ বাবে পুলিচৰ কামৰ অৰ্থ সেই শক্তিক প্ৰাপ্ত কৰা যি ভুলক শীঘ্ৰে শুধৰাব পাৰে আৰু শীঘ্ৰে ন্যায় দিয়াব পাৰো। এইটোৱেই মোৰ মিচন হয়।

যিহেতু তুমি প্ৰথম মহিলা অফিচাৰ কেডেট হয় সেইকাৰণে তোমাৰ বাবে নতুন ইউনিফৰ্ম চিলাইছে।

মোক তাত পুৰুষৰ ড্ৰেচ পিন্ধাত কোনো আপত্তি নাই। বেছিকৈ ট্ৰেক চুট আৰু এনচিচি ইউনিফৰ্মেই পিন্ধিছো।

তোমাৰ কোৱাৰ্টাৰ ক'ত হ'ব

যেনেদৰে মই টেনিচ খেলা সময়ত ডাৰ্মিট্ৰিৰেজ ভাগ কৰিছিলো, তেনেদৰেই মই এতিয়া মোৰ জ্যেষ্ঠ সকলৰ লগত বহি ভাগ কৰি লম।

আউটডোৰ ট্ৰেনিঙৰ বাবে তোমাৰ বাবে এক নতুন প্ৰগ্ৰেম ডিজাইন কৰা গৈছে।

কিন্তু কিয় এনে ট্ৰেনিং সুসহ হৈ থাকিবলৈ মই সদায় কৰি আহিছো। যেতিয়া টেনিচৰ প্ৰতিস্পৰ্ধাত্তাক মেচত ভাগ লৈছিলো।

লাগিলে ৰাইফল ট্ৰেনিং হওক–
বা টাৰ্গেট প্ৰেক্টিচ
BRASS
...বা অশ্বৰোহীৰ নেতৃত্ব কৰা হওক
বা ঘোঁৰা চলোৱা শিকা।
কিৰণ তেওঁ পতি
ব্ৰিজৰ লগত একাডেমিত

INDIAN GIRLS BEAT SRI LANKA

COLOMBO, Aug 28.—India swept to an unbeatable 3-0 lead on the opening day of their inaugural women's tennis tie against Sri Lanka here yesterday, says PTI.

Indian women won both singles matches and the doubles event in straight sets.

Mrs Kiran Bedi began the spell of success for India when she defeated Miss Mala Fernando 6-2, 6-4.

Mrs Bedi carried far too many strokes and power for the local girl who got closest to challenging the Indian girl in second set when she pulled up to 4-5 after being down 1-4.

Miss Udaya Kumar then defeated Miss Srima Abeygoonawardena 8-6, 6-2.

In the doubles the attacking combination of Mrs Susan Das and Miss Udaya Kumar whipped the Sri Lanka pair Mrs Wendy Molligoda and Oosha Chanmugam 6-3, 6-1 in 35 minutes.

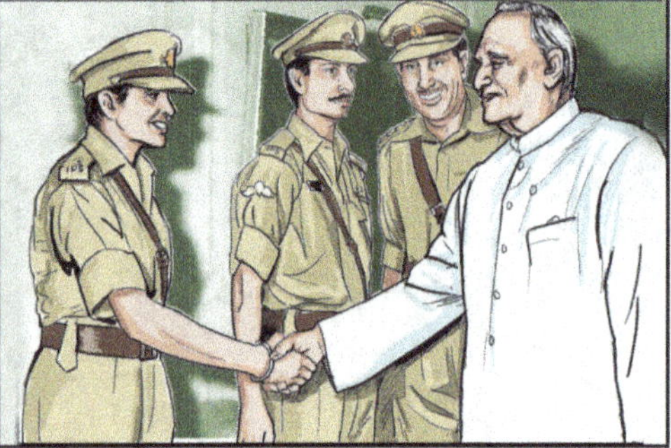

ট্ৰেনিঙৰ পিছত কিৰণ দিল্লী পুলিচত ভৰ্ত্তি হয় আৰু তেওঁ 26 জানুৱাৰী,
1975 ৰ গণতন্ত্ৰ দিৱসৰ পেৰেডত দিল্লী পুলিচৰ নেতৃত্ব কৰিবলৈ সুযোগ পায়।

পেৰেডৰ পিছত কিৰণক আলিংগন কৰি
তেওঁৰ গৌৰৱান্বিত মা।

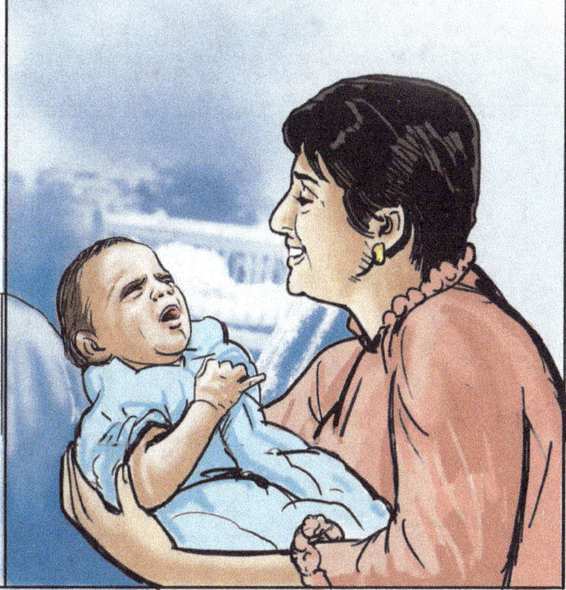

ছেপ্তেম্বৰ 1975 ত কিৰণে এক সুন্দৰ
কন্যাৰ মাক হয়।

শৃংখলাৰ অহা সংখ্যাত

কিৰণ বেদীঃ টপ কপৰ ৰূপত কটোৱা সময়।

1979 ত ইন্ডিয়া গেটত হিংসাৰ কাৰ্যক সফলতাপূৰ্বক নিয়ন্ত্ৰণ কৰাত বীৰতাৰ বাবে ৰাষ্ট্ৰপতি পদক পায়

1982 ত নৱম এছিয়ান গেমচৰ সময়ত যাতায়তক নিয়ন্ত্ৰিত কৰি দিল্লী যাতায়ত পুলিচ নিৰীক্ষকৰ পদত কাৰ্যৱত কিৰণ বেদী।

1994 ত মনীলাত ৰেমন মেগচচে পুৰস্কাৰ প্ৰাপ্ত কৰে, যিটো এছিয়াৰ নবেল পুৰস্কাৰ সমান হয়।

ইনচপেক্টৰ জেনেৰেল তিহাৰ-জেল।

2003 & 2005 ত 'শান্তি অভিযান' ৰ সময়ত ইউনাইটেড নেচনচ (নিউয়ৰ্ক) ত চেক্ৰেটেৰী জেনেৰেল পুলিচ পৰামৰ্শদাতাৰ ৰূপত।